# Un paseo por la ciudad

### por Marilyn Greco

Scott Foresman is an imprint of

Glenview, Illinois • Boston, Massachusetts • Chandler, Arizona
Shoreview, Minnesota • Upper Saddle River, New Jersey

Every effort has been made to secure permission and provide appropriate credit for photographic material. The publisher deeply regrets any omission and pledges to correct errors called to its attention in subsequent editions.

Unless otherwise acknowledged, all photographs are the property of Pearson.

Photo locations denoted as follows: Top (T), Center (C), Bottom (B), Left (L), Right (R), Background (Bkgd).

Cover ©James Leynse/Corbis; p01 ©Bernd Obermann/Corbis; p03 ©Richard T. Nowitz/Corbis; p04 ©Lee Snider/Photo Images/Corbis; p05 (BR) ©Alan Schein Photography/Corbis, 05 (BL) ©James Marshall/Corbis; p06 ©Roger Wood/Corbis; p07 (T) ©Marc Asnin/Corbis SABA, 07(C) ©Reuters/Corbis; p08 ©James Leynse/Corbis; p09 (C) ©Robert Holmes/Corbis, p09 (BR) ©James Leynse/Corbis; p10 ©Bernd Obermann/Corbis; p11 (TR) ©Gail Mooney/Corbis, 11 (CR) © Mark Peterson/Corbis; p12 © Michael S. Yamashita/Corbis.

ISBN 13: 978-0-328-40577-0
ISBN 10:     0-328-40577-9

**Copyright © Pearson Education, Inc. or its affiliate(s). All Rights Reserved.**
Printed in the United States of America. This publication is protected by copyright and permission should be obtained from the publisher prior to any prohibited reproduction, storage in a retrieval system, or transmission in any form or by any means, electronic, mechanical, photocopying, recording, or likewise. For information regarding permission(s), write to: Pearson School Rights and Permissions, One Lake Street, Upper Saddle River, New Jersey 07458.

Pearson and Scott Foresman are trademarks, in the U.S. and/or other countries, of Pearson Education, Inc. or its affiliate(s).

3 4 5 6 7 8 9 10 V0N4 13 12 11 10

## Introducción

Las ciudades son lugares donde grandes cantidades de personas viven, trabajan y juegan. Algunas ciudades son muy grandes. Otras son pequeñas. ¿Qué sabes sobre la ciudad donde vives? ¡Demos un paseo por mi ciudad!

### Mucha gente vive en las ciudades

Imagina a millones de personas viviendo en una ciudad. Yo vivo en la ciudad de Nueva York, en la que viven más de 8 millones de personas. Da un paseo por mi ciudad y verás todo tipo de viviendas.

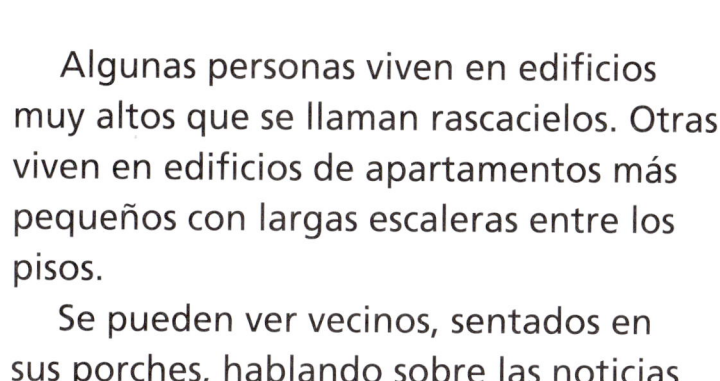

Algunas personas viven en edificios muy altos que se llaman rascacielos. Otras viven en edificios de apartamentos más pequeños con largas escaleras entre los pisos.

Se pueden ver vecinos, sentados en sus porches, hablando sobre las noticias del día. En los días calurosos quizá compartan una jarra de limonada.

**La gente en las ciudades vive en muchos tipos diferentes de edificios.**

**Algunas personas van en tren subterráneo a sus trabajos.**

## La gente trabaja en las ciudades

Millones de personas trabajan en las ciudades en muchos empleos diferentes. Van a sus trabajos en carro, en tren subterráneo, en autobús o caminando.

Los policías, los bomberos, el alcalde y los miembros del ayuntamiento son empleados del municipio. Ayudan a mantener funcionando la ciudad.

**Diariamente, vendedores y policías cumplen su tarea en las ciudades.**

Da un paseo por tu ciudad. Verás gente trabajando en panaderías y en todo tipo de tiendas. En una escuela hay maestros y bibliotecarios. En un hospital hay enfermeras y doctores.

## La gente compra y vende cosas en las ciudades

Las ciudades son centros de comercio y negocios en los que se compran y venden bienes y servicios. Algunos comercios venden ropa, libros o comida. Si miras a tu alrededor verás cajas de cartón llenas de productos que los comerciantes sacan y entran a los edificios. Esperemos que no se arruinen con la lluvia.

En las ciudades la gente puede comprar y vender todo tipo de cosas.

Los restaurantes son comercios muy populares en los que mucha gente disfruta un festín con familiares y amigos. Otros comercios ofrecen servicios como impresiones, reparaciones de carros o banca. La mayor parte de estos comercios compran o venden.

Se puede disfrutar de distintos tipos de actividades en espacios públicos.

## La gente se divierte en las ciudades

Todas las ciudades ofrecen espacios para que la gente se divierta. Usualmente, cerca del centro de una ciudad, se pueden encontrar museos, zoológicos y parques.

Los museos muestran obras de arte, como cuadros, collages y esculturas, y cantidad de tesoros de todo el mundo. En los parques se puede nadar, andar a caballo, pasear en bicicleta o ir de picnic bajo el sol. A veces se ve un pequeño lanzador jugando al beisbol con su padre. En algunos días especiales se puede ver gente celebrando en ferias callejeras.

Las ciudades deben ser fuertes y resistentes. A veces hasta pueden parecer feroces. Sin embargo tienen muchos tesoros: casas, parques, museos, escuelas y tiendas. Pero el tesoro más valioso de una ciudad es su gente.

**Algunos museos muestran cómo vivían la gente y los animales hace mucho tiempo.**